SOPHIES KUSCHELTAG

VILMA COSTETTI
MONICA RINALDINI

Bedürfnisse und Strategien
Band 4

Junfermann Verlag · Paderborn
2006

SOPHIE KOMMT VON DER SCHULE NACH HAUSE.

SIE FÜHLT SICH EIN WENIG MÜDE
UND MUTLOS ...

UND MÖCHTE JETZT
EIN BISSCHEN KUSCHELN ...

UND BRAUCHT ETWAS AUFMERKSAMKEIT!

SIE BITTET MAMA,
DEN NACHMITTAG
MIT IHR ZU VERBRINGEN,

UM MIT IHREN PUPPEN
UND STOFFTIEREN ZU SPIELEN.

„NEIN, ICH KANN NICHT“, SAGT MAMA.

„ICH MUSS MIT OSKAR ZUM SCHWIMMUNTERRICHT GEHEN UND ...

DIE BLÄTTER IM HOF
ZUSAMMENHARKEN
UND ...

DAS ABENDESSEN VORBEREITEN.“

AUF DEM SOFA BRICHT SOPHIE
IN TRÄNEN AUS.

MAMA SETZT SICH NEBEN SIE
UND SAGT:

„DU BIST JETZT WIRKLICH TRAURIG, NICHT WAHR?
DU BRAUCHST JETZT LIEBE UND MÖCHTEST
GANZ NAH BEI MAMA SEIN, ODER?“

MAMA VERSTEHT, WAS IN SOPHIES HERZ VOR SICH GEHT,
UND SOPHIE FÜHLT SICH GLEICH BESSER.

SIE FRAGT MAMA,
OB SIE NICHT ZUSAMMEN EIN BUCH LESEN KÖNNEN,
WÄHREND OSKAR SCHWIMMT ...

UND OB SIE IHR NICHT BEIM
BLÄTTERHARKEN HELFEN KANN.

NACHDEM SIE DAS GETAN HABEN, FRAGT MAMA, OB SOPHIE IHR HELFEN MÖCHTE, ...

IHR LIEBLINGSESSEN ZU KOCHEN:
FLEISCHKLÖSSCHEN!

SOPHIE LÄCHELT!

MAMA HAT SIE WIRKLICH SEHR, SEHR LIEB!

KUSCHELN – DAS IST WIRKLICH SCHÖN,

UND KANN AUF UNTERSCHIEDLICHE ART GESCHEH'N!

MÖCHTEST DU
MIT MIR
SPIELEN?

FAKTEN ...

MALE IN DIESEN RAHMEN EINE SITUATION, IN DER DU GERNE KUSCHELN WOLLTEST.

GEFÜHLE ...

WELCHE GEFÜHLE HAT SOPHIE IN DIESER GESCHICHTE?
UNTERSTREICHE DIE WÖRTER ODER MALE DIE BILDER AN.

GLÜCKLICH

ERSCHRECKT

MÜDE

TRAURIG

ERSTAUNT

RUHIG

BEDÜRFNISSE ...

VERBINDE DIE PUNKTE MITEINANDER UND ERRATE, WAS SOPHIE AUF DIESEM BILD BRAUCHT.

STRATEGIEN ...

AUF WELCHE WEISE HABEN ANDERE MENSCHEN DIR GEZEIGT, DASS SIE DICH LIEB HABEN? SCHREIB ES AUF ODER MALE EIN BILD.

FÜR MÜTTER UND VÄTER

Es gibt keine guten und keine schlechten Kinder. Es gibt nur Kinder, deren Verhalten entweder zur Erfüllung unserer Bedürfnisse beitragen kann – oder aber auch nicht. Die *Gewaltfreie Kommunikation* ermutigt Eltern, sich auf eine mit dem Leben verbundene Art und Weise auszudrücken, indem sie ihre Gefühle und ihre erfüllten oder unerfüllten Bedürfnisse teilen und nicht ihre positiven oder negativen Beurteilungen ihrer Kinder. Eltern können ihren Kindern ein Beispiel dafür geben, wie sie ihre natürliche Kommunikationsfähigkeit entwickeln und wie sie immer mit ihren Gefühlen und Bedürfnissen verbunden sein können. Mit dieser Buchserie über Bedürfnisse und Strategien möchten wir Kindern – aber auch Eltern, die sie in ihrer Entwicklung unterstützen – erklären, worin der subtile, aber fundamentale Unterschied besteht zwischen Bedürfnissen und Strategien, um diese Bedürfnisse zu erfüllen.

Alle Menschen, Erwachsene wie kleine Kinder, teilen die selben Bedürfnisse. Bedürfnisse können aber durch unterschiedliche Strategien erfüllt werden. Wir alle benötigen z.B. Sicherheit und Schutz, möchten Spaß usw. Es gibt jedoch viele Möglichkeiten, diese Bedürfnisse zu befriedigen. Indem wir für die Bedürfnisse unserer Kinder empathisch sind, bestärken wir deren Kreativität. Wir ermutigen sie, sich an der Vielfalt und dem Reichtum dieser Welt zu erfreuen.